LOIS

DE

L'ASSEMBLÉE NATIONALE

MODIFIANT TEMPORAIREMENT

LE DROIT CIVIL ET LE DROIT COMMERCIAL

ÉCHÉANCES, LOYERS, FAILLITES, ETC.

PAR

AUGUSTE COTILLON

LICENCIÉ EN DROIT

AVEC LE CONCOURS D'UN DOCTEUR EN DROIT

Prix : 1 franc.

PARIS

COTILLON ET FILS, ÉDITEURS, LIBRAIRES DU CONSEIL D'ÉTAT
24, Rue Soufflot, 24

1871

LOIS

DE

L'ASSEMBLÉE NATIONALE

ÉCHÉANCES, LOYERS, FAILLITES, ETC.

CORBEIL. — TYP. ET STÉR. DE CRÉTÉ FILS.

LOIS

DE

L'ASSEMBLÉE NATIONALE

MODIFIANT TEMPORAIREMENT

LE DROIT CIVIL ET LE DROIT COMMERCIAL

ÉCHÉANCES, LOYERS, FAILLITES, ETC.

PAR

AUGUSTE COTILLON

LICENCIÉ EN DROIT

AVEC LE CONCOURS D'UN DOCTEUR EN DROIT

Prix : 1 fr.

PARIS

COTILLON ET FILS, ÉDITEURS, LIBRAIRES DU CONSEIL D'ÉTAT

24, rue Soufflot, 24

1871

Le titre de ce recueil en indique le but. Nous avons surtout voulu épargner des recherches aux hommes d'affaires et aux commerçants en leur présentant, réunies ensemble, quelques lois qu'ils ont souvent besoin de consulter soit dans l'intérêt de leurs clients, soit dans leur intérêt personnel. Quelques annotations sobres, et sans la moindre prétention scientifique, nous ont paru utiles pour les personnes qui n'ont pas l'habitude de manier les textes de droit. Mais nous n'avons essayé ni de faire un commentaire, ni de résoudre toutes les difficultés : le lecteur le reconnaîtra facilement.

ÉCHÉANCES DES EFFETS DE COMMERCE

Loi du 10 Mars 1871 (1).

ART. 1ᵉʳ. Les effets de commerce (2) souscrits avant ou après la loi du 13 août et venant à échéance après

(1) Les précédents de cette loi sont: 1° une loi rendue sous l'Empire à la date du 13 août 1870 ; 2° huit décrets du gouvernement de la défense nationale (10 septembre, 12 septembre, 11 octobre, 10 novembre et 12 décembre 1870, et 13 janvier, 27 janvier et 9 février 1871); 3° cinq décrets de la délégation de Tours et de Bordeaux (3 octobre, 5 novembre, 14 novembre, 9 décembre 1870 et 8 janvier 1871). Ces divers actes, qui tous avaient pour objet principal de proroger l'échéance des effets de commerce, ont perdu tout intérêt pratique à raison de l'article 6 de la loi du 10 mars 1871. A titre de curiosité, on peut consulter aussi un décret de la commune de Paris en date du 12 avril 1871 : d'après ce décret, toutes dettes souscrites avant le 16 avril et *portant échéance* devaient être divisées en *douze coupures égales,* payables *sans intérêts* et *par trimestre* à partir du 15 juillet 1871.

(2) Cette loi et les suivantes ont substitué l'expression *effets de commerce* à celle de *valeurs négociables* qu'avait employée la loi du 13 août 1870. On a voulu marquer par là qu'on ne statuait pas sur tous effets susceptibles d'être transférés par voie d'endossement, par exemple sur les chèques et warrants, mais seulement sur les lettres de change et billets à ordre. Encore semble-t-il résulter des explications données par le ministre de la justice (séance du 10 mars 1871)

le 12 avril prochain, ne jouiront d'aucune prorogation de délai, et seront exigibles suivant les règles du droit commun.

Art. 2. Tous les effets de commerce échus du 13 août au 12 novembre 1870 seront exigibles sept mois, date pour date, après l'échéance inscrite aux lettres, avec les intérêts depuis le jour de cette échéance. Les effets échus du 13 novembre 1870 au 12 avril prochain seront exigibles, date pour date (1), du 13 juin au 12 juillet, avec les intérêts depuis le jour de la première échéance (2).

Ne seront pas admis à jouir du bénéfice des prorogations tous effets créés postérieurement au 9 février (3).

que la loi n'entend pas s'occuper du billet à ordre qui, par exception, ne porterait pas une seule signature de commerçant.

(1) Malgré cette expression *date pour date*, il est certain que les effets qui arrivaient naturellement à échéance les 31 décembre, 31 janvier ou 31 mars, sont devenus exigibles le 30 juin. Quant aux effets dont l'échéance tombait au 28 février, on a dû distinguer : ceux qui portaient comme date d'échéance *fin février* n'ont été exigibles que le 30 juin. Ceux, au contraire, où le 28 février était expressément indiqué, sont devenus exigibles dès le 28 juin.

(2) Ces intérêts sont dus, quoique l'effet n'ait pas été présenté. La discussion ne laisse aucun doute à cet égard (séance du 10 mars).

(3) Il ressort des dispositions qui précèdent qu'il y a trois sortes d'effets dont la loi ne proroge pas l'échéance, savoir : 1º les effets créés et échus avant la loi du 13 août 1870 ; 2º les effets venant naturellement à échéance après le 12 avril 1871, quelle qu'ait été l'époque de leur création ; 3º enfin, les effets créés depuis et y compris le 10 février 1871, quelle que soit la date marquée pour leur échéance.

Ces dispositions sont applicables aux effets qui auraient été protestés (1). En cas de nouveau protêt, ce refus de payement sera constaté par une mention inscrite par l'officier ministériel sur le premier. L'enregistrement se fera exceptionnellement gratis; si les premiers protêts ont été suivis de jugement, il sera sursis à l'exécution jusqu'à l'expiration des nouveaux délais de prorogation.

Art. 3. Par dérogation à l'article 162 du Code de commerce, le délai accordé au porteur pour faire constater par un protêt le refus de payement sera de dix jours (2). Les délais de dénonciation et de poursuites fixés par la loi courront du jour du protêt.

Art. 4. Les porteurs de traites ou lettres de change tirées soit à vue, soit à un ou plusieurs jours, mois, ou usancesde vue, qui depuis le 13 août 1870 ne les auraient pas présentées en temps et lieu voulus, sont relevés de la déchéance prononcée par l'article 160 du Code de commerce, à la charge d'exiger le payement ou

(1) Pour concevoir les protets dont il est ici parlé, on peut supposer des effets échus entre le 12 mars, jour où expiraient les dernières prorogations accordées par le gouvernement de la défense nationale, et le jour où notre loi est devenue exécutoire. En effet, cette loi, n'ayant été promulguée que le 13 mars, n'a pu être exécutoire nulle part avant le 15 mars, et dans beaucoup de départements elle n'a pu l'être qu'à une époque ultérieure.

(2) Il va de soi que ce délai ne s'applique qu'aux effets dont l'échéance est prorogée, et qu'il commence à courir le lendemain du jour de l'exigibilité telle qu'elle est fixée par la loi.

l'acceptation (1) desdits effets dans le mois qui suivra la promulgation de la présente loi, augmenté du délai légal des distances.

Art. 5. Dans les départements occupés en tout ou en partie par les troupes étrangères, conformément à l'article 3 du traité du 26 février (2), les tribunaux de commerce pourront, pendant le cours de l'année 1871, accorder des délais modérés pour le payement des effets de commerce, conformément à l'article 1244, paragraphe 2, du Code civil (3).

(1) Le payement, si l'effet est payable à vue ; l'acceptation, s'il n'est payable qu'à un certain délai de vue.

(2) Ces départements sont les suivants : Ardennes, Aube, Calvados, Côte-d'Or, Eure, Eure-et-Loir, Haute-Marne, Indre-et-Loire, Loiret, Loir-et-Cher, Marne, Meurthe, Meuse, Oise, Orne, Sarthe, Seine, Seine-et-Marne, Seine-et-Oise, Seine-Inférieure, Somme, Vosges, Yonne. Ajoutez la ville de Belfort et son territoire.

(3) J'analyse ce paragraphe ainsi qu'il suit : 1° On a voulu « accorder un avantage aux habitants des pays occupés. » Ce sont les expressions mêmes du ministre de la justice (séance du 10 mars 1871). Donc, si parmi les personnes qui ont apposé leur signature sur l'effet, les unes habitent dans un département occupé et les autres dans un département non occupé, les premières seules peuvent obtenir des délais judiciaires, mais elles le peuvent sans qu'il y ait à considérer si l'effet est payable dans un département occupé ou non. 2° Il ressort du texte que le pouvoir d'accorder ces délais n'appartient qu'aux tribunaux de commerce des départements énumérés à la note précédente. Nulle difficulté donc, si l'obligé qui habite un de ces départements est poursuivi devant le tribunal de son domicile. Mais, d'après le droit commun (C. com., art. 161), il peut être englobé dans une poursuite collective dirigée, au choix du porteur, devant le tribunal du domicile de l'un quelconque des obligés. Donc, si parmi les tribunaux compétents il s'en trouve un

Les mêmes délais pourront être accordés par les tribunaux de commerce de toute la France aux souscripteurs d'effets qui, retenus hors de chez eux par le service de l'armée régulière et de l'armée auxiliaire, seraient momentanément dans l'impossibilité de payer (1).

ART. 6. Toutes dispositions contraires aux présentes, contenues dans d'autres lois ou décrets, sont et demeurent abrogées (2).

qui appartienne à un département non occupé, le porteur n'aura-t-il qu'à saisir ce tribunal pour empêcher toute concession de délais à l'obligé habitant d'un département occupé ? Tel était bien le résultat de notre texte ; mais le législateur s'est ravisé plus tard et a comblé cette lacune par l'article 4 de la loi du 26 avril 1871 (page 15). 3º Le jugement qui accorde des délais doit être rendu en l'année 1871 ; mais rien n'empêche que les délais ne s'étendent au delà de cette année. 4º Certainement enfin, ces délais judiciaires ne peuvent être accordés que pour les effets dont la loi proroge l'échéance.

(1) Sur ce paragraphe il y a deux observations à faire : 1º Il a été formellement expliqué, lors de la discussion, que cette disposition est invocable non-seulement par les militaires proprement dits, mais par toutes personnes attachées à l'armée à un titre quelconque, par exemple par les employés au service des vivres et des transports. 2º Le mot *souscripteur* ne désigne proprement que le créateur de l'effet ; mais ici j'estime qu'il comprend tous ceux qui y ont apposé leur signature. Cette interprétation me paraît commandée par l'esprit de la loi.

(2) On peut se demander si cette loi est applicable à l'Algérie. Je suis porté à le croire, et je me fonde sur ce qu'elle est évidemment inspirée par les mêmes motifs que les divers actes législatifs dont j'ai donné précédemment l'énumération (page 7, note 1). Or, la plupart des décrets rendus sur cette matière par le gouvernement de la défense nationale statuaient expressément pour la France et pour l'Algérie.

Loi du 24 Mars 1871.

ART. 1er. Les effets de commerce jouissant du bénéfice de la loi du 10 mars, et échéant du 13 au 24 mars en vertu de ladite loi, sont prorogés au 24 avril.

Les effets échéant du 25 mars au 24 avril sont prorogés d'un mois (1).

ART. 2. Cette disposition est applicable aux effets qui auraient déjà été protestés. En cas de nouveau protêt à la suite de cette prorogation, le refus de payement sera constaté par une mention écrite par l'officier ministériel sur le précédent protêt ; l'enregistrement se fera exceptionnellement gratis. Si les premiers protêts ont été suivis de jugement, il sera sursis à l'exécution des nouveaux délais de prorogation.

ART. 3. Le tribunal de commerce de la Seine pourra, pendant le cours de l'année 1871, accorder des délais

(1) Ces dispositions ne s'appliquent qu'à des effets dont l'échéance primitive tombait du 13 août au 24 septembre 1870. Mais elles sont étrangères aux effets dont l'échéance régulière tombait du 13 mars au 24 avril 1871. Car ces derniers effets se partagent en deux classes : les uns, créés avant le 10 février et échéant avant le 13 avril, jouissent, d'après la loi précédente, d'une prorogation plus longue que celle que notre loi accorde ; quant aux autres, créés après le 9 février ou échéant après le 12 avril, ils ne reçoivent pas l'application de a loi du 10 mars, ni par conséquent de la nôtre (page 8, note 3.)

modérés pour le payement des effets de commerce, conformément à l'article 1244, paragraphe 2, du Code civil (1).

(1) Il résulte du rapport de la commission que cet article a eu pour but de combler une prétendue lacune de la loi du 10 mars. En effet, par son article 5, cette loi autorisait les tribunaux de commerce des départements désignés en l'article 3 du traité du 26 février 1871 à accorder des délais pour le payement des effets de commerce. Or, le rapport allègue que parmi ces départements ne figure pas celui de la Seine. Mais c'est là une erreur de fait ; l'article 3 de notre loi est donc inutile. Du reste, il a été formellement expliqué par le rapporteur (séance du 24 mars 1871) que cette faculté d'accorder des délais n'est applicable qu'en ce qui concerne les effets jouissant des prorogations accordées soit par notre loi, soit par la précédente.

Loi du 26 Avril 1871.

ART. 1er. Les effets de commerce, quelle que soit la date de leur souscription, payables dans le département de la Seine, échus ou à échoir à partir du 18 mars dernier jusqu'au dixième jour qui suivra le rétablissement du service de la poste entre Paris et les autres parties de la France, ne seront exigibles qu'après ce terme.

ART. 2. Une déclaration du gouvernement constatera la reprise de ce service, et le délai de dix jours courra de l'insertion de cette déclaration au *Journal officiel* (1).

ART. 3. Le délai facultatif de dix jours, accordé au porteur par l'article 3 de la loi du 10 mars, pour les effets prorogés, s'appliquera à tous les effets de commerce qui font l'objet de la présente loi.

(1) Cette déclaration faite par le ministre de la justice à la séance du 30 juin a été insérée au *Journal officiel* du 1er juillet. Le délai de dix jours dont parle notre article a donc commencé le 2 et fini le 11 juillet. De sorte que le résultat de la loi serait celui-ci : Tous les effets payables dans le département de la Seine qui arrivaient à échéance du 18 mars au 31 juillet, soit naturellement, soit seulement par suite des prorogations déjà accordées par les deux précédentes lois, auraient dû devenir exigibles ensemble le 12 juillet. Mais on va voir qu'à raison de la nouvelle prorogation accordée par la loi du 4 juillet, cette exigibilité n'a pas pu avoir lieu.

ART. 4. Les délais autorisés par le premier paragraphe de l'article 5 de la loi du 10 mars et par l'article 3 de la loi du 24 mars, pourront, pendant le cours de l'année 1871, être accordés par tous les tribunaux de commerce de France, mais seulement aux souscripteurs, endosseurs et autres coobligés résidant dans le département de la Seine ou dans les départements envahis, dénommés dans l'article 3 du traité du 26 février 1871 (1).

(1) A la différence des trois précédents articles, celui-ci est applicable, quel que soit le département dans lequel l'effet est payable, et j'ai déjà indiqué qu'il a pour objet de combler une grave lacune de la loi du 10 mars (page 10, note 3, n° 2.)

Loi du 4 Juillet 1871.

ART. 1er. Le délai de sept mois accordé par l'article 2 de la loi du 10 mars 1871 pour protester les effets de commerce échus du 13 août au 12 novembre 1870, est prolongé de quatre mois, lesdits effets devenant ainsi exigibles, date pour date, du 13 juillet au 12 octobre 1871.

Les effets échus du 13 novembre 1870 au 12 juillet prochain seront exigibles, date pour date, du 13 octobre au 12 novembre.

Les dispositions qui précèdent ne s'appliquent qu'aux effets payables dans le département de la Seine ou dans les communes de Sèvres, Meudon et Saint-Cloud (Seine-et-Oise), et créés antérieurement au 31 mai dernier (1).

Pour les effets créés depuis le 31 mai, échus déjà ou

(1) Il ressort de cette disposition qu'à l'égard des effets payables hors du département de la Seine et des trois communes de Sèvres, Meudon et Saint-Cloud, le tireur ou l'endosseur domicilié à Paris ne jouit d'aucun délai spécial. A l'inverse, par cela seul que l'effet est payable dans le département de la Seine ou dans l'une des communes ci-dessus désignées, les délais accordés au tiré ou au souscripteur sont également invocables par le tireur ou l'endosseur domicilié soit en province, soit même à l'étranger.

venant à échéance avant la promulgation, le protêt sera
fait dans les cinq jours de la promulgation (1).

(1) Pour avoir une idée bien précise de la situation que cet article fait aux porteurs d'effets de commerce payables dans le département de la Seine, il faut distinguer ces effets en quatre classes :

1re *classe*. — Effets échus avant le 13 août 1870. — Ces effets ont
dû être protestés, selon le droit commun, le lendemain de leur
échéance ; sinon, le porteur a encouru les déchéances prononcées
au Code de commerce (art. 168 et 170), et la loi actuelle ne l'en relève pas plus que les trois précédentes lois (Voir toutefois page 21,
note 1.)

2e *classe*. — Effets échus depuis et y compris le 13 août jusques et
y compris le 12 novembre 1870. — La loi du 10 mars 1871 avait
prorogé de sept mois l'échéance de ces effets, et cela pour toute la
France. Pour le département de la Seine, notre loi ajoute une
nouvelle prorogation de quatre mois, de sorte qu'en définitive ces
effets ne sont exigibles que onze mois après le jour de leur échéance
régulière. Par exemple, les effets portant échéance aux 15 août,
15 septembre, 15 octobre 1870, devaient être exigibles, d'après la
loi du 10 mars, les 15 mars, 15 avril, 15 mai 1871 ; mais, aux termes
de notre loi, ils ne sont plus exigibles que les 15 juillet, 15 août et
15 septembre 1871. Pareillement, l'effet échéant primitivement fin
août, fin septembre ou fin octobre 1870, a d'abord été prorogé fin
mars, fin avril, fin mai 1871, et ne doit être définitivement exigible,
d'après notre loi, que fin juillet, fin août, fin septembre 1871.

3e *classe*. — Effets échus depuis et y compris le 13 novembre
1870 jusques et y compris le 12 juillet 1871. — Tous ces effets, soit
qu'ils fussent ou non prorogés par les trois lois précédentes, doivent
être exigibles, d'après notre loi, dans le délai d'un mois commençant
le 12 octobre et finissant le 12 novembre 1871. Ils sont exigibles
date pour date, c'est-à-dire précisément au quantième indiqué pour
leur échéance primitive. Ainsi, tous les effets portant échéance aux
15 novembre ou 15 octobre 1870, ou aux 15 janvier, 15 février,
15 mars, 15 avril, 15 mai, 15 juin 1871, seront exigibles le même
jour, c'est-à-dire le 15 octobre prochain. De même tous ceux qui

ART. 2. Dans les vingt jours qui suivront la promulgation de la présente loi (1), les porteurs d'effets dont l'échéance primitive serait antérieure à cette promulgation devront avertir leurs débiteurs des engagements qu'ils ont à remplir.

Le même avis sera donné aux échéances postérieures à la promulgation et dans les cinq jours (2).

devaient échoir à la fin de l'un des mois que je viens de nommer seront exigibles fin octobre 1871. L'application exacte de ces mots *date pour date* conduit à un résultat bizarre, mais certain : soient deux effets échus l'un le 1er, et l'autre le 15 janvier 1871 : l'effet échu le 1er janvier ne pourra être exigé que le 1er novembre ; l'effet échu le 15 janvier pourra être exigé dès le 15 octobre. L'effet échu le dernier sera donc exigible le premier.

4e classe. — Effets créés depuis et y compris le 31 mai 1871. — En principe, ces effets ne reçoivent pas de prorogation ; seulement pour ceux qui seraient échus avant le jour de la promulgation de notre loi, on autorise le porteur à faire le protèt dans les cinq jours de cette promulgation, ce qui revient à dire qu'on le relève des déchéances qu'il aurait encourues faute d'avoir protesté, selon le droit commun, dès le lendemain de l'échéance régulière. La promulgation de la loi ayant eu lieu le 7 juillet, le porteur a donc pu faire le protèt jusques et y compris le 12 juillet.

(1) C'est-à-dire au plus tard le 27 juillet, puisque la promulgation a eu lieu le 7.

(2) L'avis ou avertissement dont il est parlé dans ce paragraphe et dans le précédent consiste dans la présentation de l'effet, et cette présentation ne peut être suppléée par aucune autre formalité : c'est ce que le quatrième paragraphe de notre article prouve très-clairement en exigeant le visa du débiteur sur l'effet. Du reste, le porteur n'est tenu ni de présenter l'effet aux endosseurs ou au tireur, ni de leur signifier la présentation faite au débiteur.

Le débiteur aura la faculté de se prévaloir des délais accordés pour le protêt par la présente loi (1).

L'avertissement donné par le créancier et la réponse du débiteur seront constatés par le visa du débiteur lors de la présentation, ou, en cas d'absence ou de refus, par huissier, sans droit d'enregistrement, aux frais du débiteur.

Le créancier qui n'aurait pas donné cet avertissement ne pourra exiger les intérêts depuis le 15 juillet prochain (2).

(1) Cette disposition démontre que la première phrase de l'article 1 de notre loi s'exprime mal en parlant du *délai accordé par la loi du 10 mars pour protester les effets échus*, etc. Puisque le débiteur peut invoquer ce délai et ceux établis par notre loi, c'est qu'il ne s'agit pas ici de délais donnés au porteur pour faire le protêt, mais bien de délais accordés au débiteur pour payer. Aussi les précédentes lois sur la matière parlent-elles beaucoup plus exactement : elles reculent l'exigibilité. Le sens de notre paragraphe combiné avec l'article 1 est donc celui-ci : Pendant les délais fixés par cet article, le débiteur n'est pas tenu de payer, et le porteur n'a pas le droit de protester. Au surplus, il est à peine nécessaire de faire remarquer que lorsque le billet à ordre ou la lettre de change ont pour cause un prêt d'argent garanti par une constitution de gage, le créancier ne peut pas faire procéder à la vente du gage, tant que l'effet reste non exigible d'après notre loi.

(2) Cet article, comme les lois précédentes, qui en cela ne faisaient que suivre l'exemple donné par celle du 13 août 1870, reconnaît en principe le droit pour le porteur d'exiger les intérêts à compter de l'échéance primitive et indépendamment de tout protêt. C'est là une dérogation au droit commun (C. com., art. 184). Toutefois il paraît que la Banque de France ne demande pas d'intérêts au débiteur qui opte pour le payement immédiat. Mais cet usage évidemment ne lie

ART. 3. Par dérogation à l'article 162 du Code de commerce, et jusqu'au 30 novembre 1871, le délai accordé au porteur pour faire constater par un protêt le refus de payement sera de dix jours (1).

Les délais de dénonciation et de poursuites fixés par le droit commun courront du jour du protêt.

ART. 4. Tous les actes conservant les recours pour les effets de commerce protestés antérieurement ou postérieurement à la loi du 13 août 1870, pourront être

pas les banquiers ou autres porteurs d'effets compris dans les dispositions de la loi; il ne lie même pas la Banque de France pour l'avenir. — Du reste, on peut se poser la question suivante: Si le porteur qui a négligé de demander le visa du débiteur dans le délai légal, se ravise plus tard, sans doute il a définitivement perdu les intérêts depuis le 15 juillet; mais ne recouvre-t-il pas le droit de les exiger à compter du jour de la présentation tardive? La négative me paraît plus conforme au texte de notre paragraphe, et je l'admets d'autant plus volontiers qu'elle nous fait rentrer dans le droit commun.

(1) Ce délai de dix jours est vraiment accordé au porteur, à lui seul: il peut donc protester dès le lendemain de l'exigibilité. Mais notre article soulève une difficulté : aux termes de l'article 1er de notre loi, les effets qui jouissent de la plus longue prorogation doivent devenir exigibles le 12 novembre 1871 ; donc ils doivent être protestés au plus tard le 22 du même mois. Et cependant la faculté que notre article donne au porteur doit durer jusqu'au 30 novembre, c'est-à-dire s'appliquer à tous effets devenus exigibles avant le 1er décembre. Est-ce donc que dans la pensée des auteurs de la loi, le délai de *dix jours* doit être substitué au délai ordinaire d'un jour à l'égard de tous effets de commerce, même de ceux qui ne jouissent d'aucune prorogation? Ce serait là une doctrine bien peu d'accord avec le dernier paragraphe de l'article 1, et je ne conseillerais à personne de la suivre dans la pratique.

faits utilement dans un délai de vingt jours à partir de la promulgation de la présente loi (1).

Art. 5. Les porteurs de traites ou lettres de change tirées soit à vue, soit à un ou plusieurs jours, mois ou usances de vue, qui, depuis le 13 août 1870, ne les auraient pas présentées en temps et lieu voulus, seront relevés de la déchéance prononcée par l'article 160 du Code de commerce, à la charge d'exiger le payement ou l'acceptation desdits effets dans le mois qui suivra la promulgation de la présente loi, augmenté du délai légal des distances.

Art. 6. Le tribunal de commerce de la Seine pourra, pendant le cours de l'année 1871, accorder aux obligés des délais modérés, conformément à l'article 1244 du Code civil (2).

(1) Voici ce qu'il faut supposer pour comprendre cet article : Un effet échu le 10 août 1870 a été protesté le lendemain, ou bien un effet devenu exigible le 15 ou le 31 mai 1871, aux termes de la loi du 10 mars, a été protesté dans les dix jours ; mais, dans l'un et l'autre cas, il n'y a eu ni notification du protêt ni poursuites commencées dans la quinzaine. Rigoureusement, le porteur serait déchu et à l'égard des endosseurs et à l'égard du tireur qui prouverait avoir fait la provision. Notre article le relève de cette déchéance. Du reste, cette disposition et celle de l'article suivant paraissent applicables même aux effets payables en dehors du département de la Seine et des trois communes ci-dessus désignées.

(2) Cette disposition n'est écrite que pour les effets dont l'échéance est prorogée par notre loi. Mais la faveur des délais judiciaires doit-elle être restreinte ici, comme au cas de l'article 4 de la loi du 26 avril, aux obligés qui résident dans un des départements occupés ? Je ne le pense pas, puisque le texte parle des *obligés* en général. Mais

à un autre point de vue notre disposition est incomplète. Car si l'on suppose un effet payable dans les communes de Sèvres, Meudon ou Saint-Cloud, et que les poursuites soient exercées dans le département de Seine-et-Oise, le tribunal saisi ne pourra pas puiser dans notre article le droit d'accorder des délais. Trouvera-t-il donc ce droit ailleurs ? Oui, s'il s'agit d'un effet auquel la loi du 10 mars accordait déjà une prorogation ; non, s'il s'agit d'un effet dont l'échéance ne soit prorogée que par notre loi, c'est-à-dire d'un effet créé après le 9 février ou échu depuis le 12 avril 1871.

ÉTAT CIVIL

Loi du 10 Juillet 1871.

Art. 1er. Provisoirement et jusqu'à ce que les actes de l'état civil du département de la Seine, détruits par le feu durant la dernière insurrection, aient été reconstitués, l'acte de naissance dont l'article 70 du Code civil prescrit la remise et que les futurs époux, par suite de cette destruction de registres, seraient dans l'impossibilité de produire, pourra être suppléé par l'attestation des père et mère, aïeuls et aïeules présents au mariage, jointe soit au bulletin délivré par les maires au moment de la déclaration de la naissance, soit à l'extrait des registres tenus par les ministres des différents cultes, soit à toute autre pièce ou document rendant vraisemblable la date de la naissance indiquée.

En cas de décès des père et mère, aïeuls et aïeules, ou si aucun d'eux n'assiste au mariage, il pourra être procédé à la célébration sur la déclaration des futurs époux quant à l'époque de leur naissance, jointe à quelqu'une des pièces mentionnées ci-dessus, rendant vraisemblable la date indiquée et certifiée par les témoins du mariage.

A défaut de toute pièce ou de tout document rendant vraisemblable la date de là naissance, il y sera suppléé par un acte de notoriété dressé par le juge de paix soit du domicile, soit du lieu de naissance, sur la déclaration de quatre témoins de l'un ou l'autre sexe, parents ou non parents. Cet acte de notoriété sera délivré en minute, visé pour timbre, enregistré *gratis* et affranchi de toute homologation.

ART. 2. Jusqu'à la reconstitution desdits registres, il pourra être suppléé à leurs extraits quant aux actes de décès des père et mère, aïeuls et aïeules, par la déclaration des futurs époux et des quatre témoins, selon les formes indiquées par l'avis du Conseil d'État du 4 thermidor an XIII (1).

ART. 3. Dans les cas prévus aux articles précédents, l'officier de l'état civil fera mention, dans l'acte de mariage, des attestations ou déclarations qu'il aura reçues et des pièces ou documents produits à l'appui.

ART. 4. Provisoirement et jusqu'à ce que les actes de l'état civil du département de la Seine aient été reconstitués, les procédures intentées aux termes de l'article 46 du Code civil, relativement aux naissances,

______

(1) D'après le texte auquel notre article renvoie, les parties affirment, sous la foi du serment, qu'elles ignorent et le lieu du décès et le lieu du dernier domicile de leurs ascendants. La même affirmation et le même serment sont exigés des quatre témoins. Mais il faut remarquer que l'avis précité du Conseil d'État suppose les parties majeures. Doit-on conclure de là que les mineurs ne puissent invoquer notre article 2 ? Je ne le pense pas, puisque le renvoi qu'il contient ne concerne que *les formes.*

mariages ou décès dont la preuve aurait été détruite par les causes indiquées ci-dessus, seront dispensées des frais d'enregistrement et de timbre. Le ministère d'un avoué ne sera pas obligatoire. Dans le cas où le tribunal croirait devoir faire comparaître des parties intéressées ou des témoins, le greffier les appellerait par simples lettres chargées.

Loi du 19 Juillet 1871.

ART. 1ᵉʳ. Les actes de l'état civil reçus depuis le 18 mars 1871, à Paris et dans les autres communes du département de la Seine, les mentions inscrites depuis la même époque en marge des registres, par tous autres que les officiers publics compétents, seront bâtonnés (1).

Il ne pourra en être délivré aucune expédition.

Mention de la présente loi sera faite en marge des actes bâtonnés.

ART. 2. Les déclarations de naissance contenues aux actes bâtonnés en vertu de l'article précédent, devront être renouvelées, sous les peines portées en l'article 346 du Code pénal (2), dans le délai de 30 jours à partir de la promulgation de la présente loi, devant l'officier de l'état civil, qui en dressera acte, sur un registre spécial, en présence de deux témoins.

Les naissances qui n'auraient pas été déclarées dans

---

(1) A lire cet article, on croirait que le fait juridique constaté par les actes destinés à être bâtonnés est nul. Or, il n'en est rien. Les articles 3 et 5 de la présente loi prouvent que l'on tient pour valables les reconnaissances d'enfants naturels reçues par les officiers de la commune de Paris, ainsi que les mariages célébrés devant eux. On exige seulement que l'acte qui les constate soit refait.

(2) Ces peines sont un emprisonnement de six jours à six mois, et une amende de seize francs à trois cents francs.

le délai de l'article 55 du Code civil, ou dont les déclarations n'auraient pas été renouvelées dans le délai prescrit par le paragraphe précédent, ne pourront être constatées qu'en vertu de jugements rendus en chambre du conseil, à la requête soit du ministère public, soit des parties intéressées.

ART. 3. Les reconnaisances d'enfants naturels, contenues dans les actes bâtonnés en vertu de l'article 1er de la présente loi, devront être renouvelées dans le même délai de 30 jours.

En cas de décès des auteurs desdites reconnaissances, ou faute par eux de se présenter dans le délai prescrit, le tribunal pourra, à la requête du ministère public ou des parties intéressées, ordonner la transcription desdits actes sur le registre mentionné en l'article 2.

La transcription ainsi opérée assurera à la reconnaissance ses effets à la date du premier acte.

ART. 4. Dans le même délai, il sera dressé acte par l'officier de l'état civil, sur le registre mentionné en l'article 2, des décès survenus postérieurement au 18 mars et dont il n'existerait pas d'actes réguliers, sur le vu du certificat du médecin qui aura constaté la mort, et en présence de deux témoins.

En l'absence du certificat exigé par le paragraphe précédent, les actes de décès ne pourront être dressés qu'en vertu d'un jugement.

ART. 5. Les actes de mariage bâtonnés en vertu de

l'article 1er de la présente loi seront transcrits, dans le même délai de 30 jours, par l'officier de l'état civil, sur le registre mentionné en l'article 2, en présence des parties et de quatre témoins.

En cas de décès des époux ou de l'un d'eux, ou faute par eux de se présenter dans le délai prescrit, le tribunal, à la requête du ministère public, des parties intéressées, ou de l'une d'elles, ordonnera la transcription, sur le registre mentionné en l'article 2, des actes bâtonnés, sauf les cas prévus par l'article 184 du Code civil (1).

La transcription assurera au mariage, à la date du premier acte, tous les effets civils, tant à l'égard des époux qu'à l'égard des enfants issus du mariage.

ART. 6. Les témoins appelés aux termes des articles 2, 4 et 5, seront, autant que possible, ceux qui auront figuré aux actes bâtonnés.

ART. 7. Les actes et jugements auxquels donnera lieu l'exécution de la présente loi seront visés pour timbre et enregistrés gratis. Le ministère d'avoué ne sera pas obligatoir. Dans le cas où le tribunal ordonnerait la mise en cause des parties intéressées, le greffier les appellera par simples lettres chargées.

(1) Ces cas sont ceux où le mariage serait annulable pour cause d'impuberté, de bigamie, de parenté ou alliance.

FAILLITES ET CONCORDATS AMIABLES

Loi du 22 Avril 1871 (1).

ART. 1ᵉʳ. Les suspensions ou cessations de payements survenues depuis le 10 juillet 1870, et qui surviendront jusqu'au 30 septembre 1871, bien que régies par les dispositions du livre III du Code de commerce, ne recevront la qualification de faillite et n'entraîneront les incapacités attachées à la qualité de failli que dans le cas où le tribunal de commerce refuserait d'homologuer le concordat, ou, en l'homologuant, ne déclarerait pas le débiteur affranchi de cette qualification (2).

(1) Les dispositions contenues dans cette loi se retrouvent textuellement dans une loi des 22 et 26 août 1848, qui les appliquait aux suspensions ou cessations de payements survenues avant l'époque de sa promulgation et depuis le 24 février 1848. Les dispositions de cette loi avaient été reproduites par un décret du gouvernement de la défense nationale, qui forme le précédent immédiat de notre loi. Ce dernier décret les appliquait aux suspensions ou cessations de payement survenues ou à survenir depuis le 10 juillet 1870 jusqu'à la fin du mois qui suivrait la clôture des hostilités. Mais le gouvernement de la défense nationale avait excepté de ses dispositions deux cas, celui où la suspension ou cessation de payements aurait des causes antérieures à la guerre, et celui où le débiteur n'aurait pas déposé son bilan, conformément à la loi, c'est-à-dire dans les trois jours. Notre loi a fait disparaître ces exceptions.

(2) Le débiteur qui jouit du bénéfice de notre article reste électeur et éligible ; il conserve l'aptitude à être juré, membre de la garde

ART. 2. Le tribunal de commerce aura la faculté, si un arrangement amiable est déjà intervenu entre le débiteur et la moitié en nombre de ses créanciers représentant les trois quarts en somme, de dispenser le débiteur de l'apposition des scellés et de l'inventaire judiciaire (1).

Dans ce cas, le débiteur conservera l'administration de ses affaires et procédera à leur liquidation concurremment avec les syndics régulièrement nommés et sous la surveillance d'un juge-commissaire commis par le tribunal, mais sans pouvoir créer de nouvelles dettes (2).

Les dispositions du Code de commerce relatives à la vérification des créances, au concordat, aux opérations qui les précèdent et qui les suivent, et aux conséquences de la faillite dont le débiteur n'est pas affranchi par l'article 1er de la présente loi, continueront de recevoir leur application.

ART. 3. La présente loi est applicable à l'Algérie.

nationale, agent de change ou courtier. Ce sont là les principaux points sur lesquels portent les incapacités qui résultent ordinairement de la faillite.

(1) C'est cet arrangement qu'on appelle concordat amiable.

(2) Ces derniers mots signifient seulement que les nouvelles dettes contractées par le débiteur ne sont pas opposables aux créanciers de la faillite.

INALIÉNABILITÉ

DES PROPRIÉTÉS PUBLIQUES OU PRIVÉES SOUSTRAITES OU SAISIES A PARIS.

Loi du 12 Mai 1871.

ART. 1er. Sont déclarés inaliénables, jusqu'à leur retour aux mains du propriétaire, tous biens meubles et immeubles de l'État, du département de la Seine, de la ville de Paris et des communes suburbaines, des établissements publics, des églises, des fabriques, des sociétés civiles, commerciales ou savantes, des corporations, des communautés, des particuliers, qui auraient été soustraits, saisis, mis sous le séquestre ou détenus d'une manière quelconque, depuis le 18 mars 1871, au nom ou par les ordres d'un prétendu comité central, comité de salut public, d'une soi-disant commune de Paris, ou de tout autre pouvoir insurrectionnel, par leurs agents, par toute personne s'autorisant de ces ordres ou par tout individu ayant agi, même sans ordres, à la faveur de la sédition.

ART. 2. Les aliénations frappées de nullité par l'article 1er ne pourront, pour les immeubles, servir de base à la prescription de dix ou de vingt ans, et, pour les meubles, donner lieu à l'application des articles 2279 et 2280 du Code civil (1).

(1) Il a été bien formellement expliqué, soit dans le rapport de la

Les biens aliénés, en violation de la présente loi, pourront être revendiqués, sans aucune condition d'indemnité et contre tous détenteurs, pendant trente ans, à partir de la cessation officiellement constatée de l'insurrection de Paris (1).

ART. 3. Tout individu qui, en connaissant leur origine, aura concouru soit au détournement, soit à la vente, à la destruction, au transport à l'intérieur ou en pays étrangers, soit au recel des objets mobiliers de toute nature, à la fonte, à l'altération ou transformation des matières métalliques, soit à la négociation des titres ou valeurs commerciales, comme acheteur, donataire,

commission, soit à l'Assemblée nationale (séance du 12 mai 1871), que la présente loi n'entendait pas rétroagir. Soit donc un objet saisi ou soustrait postérieurement au 18 mars et aliéné avant la promulgation de la loi : s'il s'agit d'un immeuble, l'acheteur de bonne foi le prescrira par dix à vingt ans, pourvu qu'il ait été de bonne foi au moment de l'acquisition ; s'il s'agit d'un meuble, il peut être devenu propriétaire immédiatement, en vertu de la règle : *En fait de meubles possession vaut titre*, et, si le meuble a été volé, la revendication du propriétaire ne pourra s'exercer que pendant trois ans. Il faut donc, pour l'application de notre disposition, supposer une aliénation postérieure à la promulgation de la loi ; mais cette condition remplie, il est évident qu'on ne fait pas rétroagir la loi en l'appliquant à des objets détournés ou saisis avant qu'elle fût promulguée.

(1) En exécution de cette disposition, le gouvernement a déclaré que l'insurrection de Paris a cessé le 7 juin, et cette déclaration est constatée dans le *Journal officiel* du 8 juillet. C'est donc le lendemain 9, que la prescription de trente ans, dont il est ici question, a pu commencer à courir, et elle ne pourra en aucun cas être invoquée avant le 9 juillet 1901.

créancier gagiste, commissionnaire, ou à tout autre titre, sera puni des peines portées en l'article 401 du Code pénal, sans préjudice des peines auxquelles il pourrait être exposé par les circonstances du fait. Les destructions, mutilations et dégradations des biens immeubles seront punies conformément aux dispositions du Code pénal qui les prévoient, sans que, dans aucun cas, les auteurs ou complices des crimes ou délits puissent se prévaloir de prétendus ordres qu'ils auraient reçus.

La prescription de l'action publique sera soumise aux règles de la prescription en matière criminelle ou correctionnelle, suivant qu'il s'agira de crimes ou de délits.

Mais l'action civile ne sera prescrite que par le laps de trente ans depuis la cessation officiellement constatée de l'insurrection, et ce, sans préjudice de toute interruption et suspension de droit.

Art. 4. Restera passible des peines prononcées par les articles 255 et 256 du Code pénal, et suivant les distinctions de ces articles, tout individu qui aura détruit en tout ou partie, ou détourné les actes de l'état civil, les bulletins du casier judiciaire, les dépôts, minutes et papiers des notaires et autres officiers ministériels, les archives de toute nature et autres dépôts d'intérêt public, ou qui se sera rendu complice de ces faits.

Art. 5. L'article 463 du Code pénal sera applicable aux crimes et délits prévus par la présente loi.

LOYERS

Loi du 21 Avril 1871 (1).

Art. 1ᵉʳ. Dans les huit jours qui suivront la promulgation de la présente loi, il sera institué dans chacun

(1) Cette loi a pour précédents trois décrets du gouvernement de
la défense nationale : 1º un décret du 30 septembre 1870, accordant
un délai de trois mois pour le payement des loyers à échoir au
mois d'octobre et des loyers déjà échus qui n'auraient pas été
acquittés; 2º un décret du 9 octobre 1870, qui explique et complète
le précédent; 3º un décret du 3 janvier 1871, accordant un délai de
trois mois pour les loyers à échoir en janvier et pour les loyers
antérieurement échus qui n'auraient pas été acquittés.

Il faut également connaître le décret rendu par la commune de
Paris à la date du 29 mars 1871. Il est ainsi conçu :

« Art. 1ᵉʳ. Remise générale est faite aux locataires des termes
d'octobre 1870, janvier et avril 1871.

« Art. 2. Toutes les sommes payées par les locataires pendant les
neuf mois seront imputables sur les termes à venir.

« Art. 3. Il est fait également remise des sommes dues pour les
locations en garni.

« Art. 4. Tous les baux sont résiliables, à la volonté des locataires, pendant une durée de six mois à partir du présent décret.

« Art. 5. Tous congés donnés seront, sur la demande des locataires, prorogés de trois mois. »

Ce décret, quoique nul en droit, conserve un intérêt pratique
considérable à cause des trop nombreuses applications qui en ont
été faites. Il est certain que les remises qu'il accorde aux locataires
sont nulles. Mais voici les principales hypothèses sur lesquelles il

des quartiers municipaux de Paris et dans les cantons du département de la Seine, un ou plusieurs jurys spéciaux, sous la présidence du juge de paix ou de l'un de ses suppléants, ou d'une autre personne désignée par le président du tribunal civil.

Si, pour l'expédition des affaires, la subdivision du quartier ou du canton paraît nécessaire, il y sera pourvu par un décret du chef du Pouvoir exécutif, qui déterminera les limites de chacune des sections.

Les jurys spéciaux seront composés, outre le président, de quatre membres, savoir : deux propriétaires d'immeubles et deux locataires.

Art. 2. Immédiatement après la promulgation de la loi, il sera dressé, sur la présentation des juges de paix

---

peut engendrer des difficultés : 1° Un propriétaire, cela s'est vu, a donné quittance à des locataires qui ne l'avaient pas payé. Cela lui ôte-t-il le droit de réclamer son payement ? J'estime que ce sera une question de fait, et qu'il faudra examiner s'il a agi sous l'empire de la crainte ou non. 2° Un locataire, usant de la faculté de résiliation que lui donnait l'article 4 du décret, a obtenu le consentement du propriétaire. Celui-ci est-il lié ? Je résoudrais cette question comme la précédente. 3° Un locataire a déménagé sans payer, invoquant la remise que lui accordait l'article 1er. Sans aucun doute, le propriétaire a conservé en principe le droit de réclamer les sommes dues. Mais a-t-il conservé son privilége sur le mobilier déplacé ? Oui, puisqu'il n'a pas consenti au déplacement, et j'estime que les quinze jours que le Code civil (art. 2102, n° 1) lui accorde pour revendiquer le mobilier de son locataire, n'ont pu commencer à courir que du jour où le cours de la justice a été rétabli à Paris (Voir page 48, note 1). Jusque-là, en effet, le même obstacle qui l'avait empêché de s'opposer au déménagement l'empêchait aussi de revendiquer des vingt arrondissements de Paris et des cantons du département de la Seine, par les soins du président du tribunal civil et du président du tribunal de commerce, conjointement pour chaque arrondissement municipal et pour chaque canton, deux listes contenant l'une les noms de cent propriétaires, l'autre les noms de cent locataires.

Sur ces listes, le juge de paix, en audience publique, tirera au sort les noms des propriétaires et locataires appelés à former avec lui, ses suppléants ou les personnes désignées par le président du tribunal civil, les jurys spéciaux.

Lesdits membres seront désignés pour une session de trois jours au plus ; néanmoins toute affaire commencée devra être jugée par le jury devant lequel elle aura été portée.

En cas de refus non justifié, le juré non comparant sera condamné par le président du jury à une amende de 500 francs. Tout juré qui aura fait le service pour une session sera dispensé, sur sa demande, pour la session suivante.

Art. 3. Les séances seront publiques. Les parties auront la faculté de comparaître en personne ou par mandataires ; elles ne pourront, en tous cas, présenter que de simples observations ou conclusions sans procédure ni plaidoirie.

Art. 4. Chacun des jurys spéciaux dans la circonscription pour laquelle il aura été institué, aura seul

compétence, à l'exclusion de tout autre juridiction (1),
à l'effet de statuer conformément aux articles suivants,
sommairement comme amiable compositeur, d'une
manière définitive et sans appel, sur toutes les contestations entre propriétaires et locataires, relatives aux
loyers restant dus pour les termes échus du 1er octobre 1870 jusqu'au 1er avril 1871.

Les parties ne pourront se pourvoir en cassation que
pour incompétence ou excès de pouvoir.

Le délai sera de quinze jours, à partir de la notification de la décision, pour ce recours qui sera formé,
notifié, jugé conformément aux prescriptions de l'article 20 de la loi du 3 mai 1841 sur l'expropriation (2),
et dispensé d'amende.

Lorsqu'une décision aura été cassée, l'affaire sera
renvoyée devant un nouveau jury des mêmes quartier,
canton ou subdivision. Ce jury sera composé d'autres
membres.

L'opposition contre les décisions des jurys spéciaux
rendues par défaut, sera formée et admise conformé-

(1) Ces mots accusent bien clairement une dérogation aux règles
de compétence établies par les lois du 11 avril 1838 (art. 1) et du
25 mai 1838 (art. 3). Mais cette dérogation ne s'étend pas aux
demandes en résiliation (art. 9 ci-dessous).

(2) Voici le sens de ce renvoi : Le pourvoi sera formé par déclaration au greffe du tribunal civil. Il sera notifié à la partie dans la
huitaine du jour où il aura été formé. Enfin, dans la quinzaine de
cette notification, les pièces seront adressées à la chambre civile de
la Cour de cassation, qui statuera dans le mois suivant.

ment aux articles 20, 21 et 22 du Code de procédure civile (1).

ART. 5. Les jurys spéciaux auront la faculté d'accorder sur le prix des trois termes de loyers ci-dessus, quelle que soit la nature des locations, des réductions proportionnelles au temps pendant lequel les locataires auront été privés matériellement de la jouissance de tout ou partie des lieux loués.

Si les locations ont un caractère industriel ou commercial, ils pourront accorder des réductions proportionnelles au temps pendant lequel les locataires auront subi, par suite des événements du siége, une privation ou une diminution dans la jouissance industrielle ou commerciale prévue par les parties (2).

Lorsqu'il n'y aura eu ni diminution, ni altération de jouissance, ils ne pourront accorder que des délais.

Les délais accordés par les jurys spéciaux n'excéderont pas deux ans, à moins que la location faite par écrit ne doive prendre fin qu'après un laps de plus de deux années. Dans ce dernier cas, les délais pourront

(1) Le délai pour faire opposition sera donc de trois jours en principe, sauf, si les circonstances prouvent que le défaillant n'est pas instruit de la procédure, la faculté pour le jury spécial d'accorder un délai plus long, et, pour le défaillant lui-même, celle de se faire relever de la rigueur du délai. Mais, en aucun cas, l'opposition ne serait admise sur une seconde condamnation par défaut.

(2) Le premier paragraphe de notre article ne fait qu'appliquer aux locations civiles le droit commun d'après lequel le bailleur doit procurer au preneur la jouissance paisible des lieux loués (C. civ., art. 1719).

être étendus à une durée égale à celle de la location ; mais les sommes restant dues au delà du terme de deux années, seront de droit productives d'intérêt au taux de 5 p. 100 l'an (1).

Les payements différés pourront être divisés en fractions exigibles à diverses échéances consécutives et réglés en billets à ordre correspondant à ces échéances. Ces billets n'opéreront pas novation, et le propriétaire conservera son privilége sur les meubles garnissant les lieux loués.

ART. 6. Les jurys spéciaux pourront limiter l'exercice du privilége ou les droits et actions du propriétaire sur une partie déterminée et suffisante du mobilier garnissant les lieux loués et servant de gage spécial à sa créance.

Ici, au contraire, on déroge aux règles ordinaires ; et, en effet, il est de principe qu'un commerçant ou un industriel, que des circonstances fortuites ont empêché de faire des affaires, n'est pas fondé à demander une diminution de loyer, du moment qu'il a conservé la jouissance paisible du local affecté à son commerce ou à son industrie. Au surplus, il ressort, soit de la rédaction de nos deux paragraphes, soit du texte de l'article 4 qui autorise le jury spécial à statuer comme amiable compositeur, que les privations de jouissances ici prévues n'entraînent pour le locataire aucun droit à une réduction. C'est seulement une faculté pour le jury de la prononcer, et cela est logique quand il ne s'agit que d'une privation de jouissance industrielle ou commerciale. Mais cela n'est plus aussi justifiable, lorsque le locataire s'est trouvé dans l'impossibilité matérielle d'occuper les lieux loués.

(1) Evidemment ce n'est qu'à l'expiration des deux années que les intérêts commencent à courir.

Si le locataire quitte les lieux loués avant le complet payement des termes encore dus, sans fournir une caution· jugée suffisante par le juge de paix, le propriétaire pourra réaliser le gage affecté à sa créance.

Art. 7. A défaut de se libérer de l'une des fractions exigibles à l'échéance réglée par les jurys spéciaux, et après quinze jours de retard, le locataire perdra le bénéfice des termes qui lui auront été accordés ; le bail sera résilié de plein droit au profit du propriétaire, qui pourra, s'il veut se prévaloir de cette résiliation, réaliser le gage, conformément au droit commun, et rentrer en possession des lieux loués, en vertu d'une simple ordonnance de référé, que le bail soit authentique, privé ou purement verbal (1).

Art. 8. Dans le cas où le département de la Seine, qui y est d'avance autorisé, consentirait à payer à tous les propriétaires de logements dont le prix annuel est de six cents francs ou moins, le tiers de ce qui leur restera dû par les locataires sur les termes échus en octobre 1870, janvier et avril 1871, sous la double con-

---

(1) Une fois en retard de quinze jours, le locataire qui acquitterait les sommes exigibles aux termes du règlement établi par le jury spécial, serait-il réputé avoir recouvré le bénéfice des termes perdus et le droit de rester en jouissance ? Je ne le pense pas, puisque le bail a été résolu *de plein droit*. Au surplus, il ne faut pas aller au delà du texte de la loi. Or, ce qu'elle ôte au locataire en retard, c'est seulement le droit de maintenir le bail et d'invoquer les délais qui lui avaient été accordés pour le payement des loyers échus, mais elle lui laisse le bénéfice des réductions qu'il avait pu obtenir.

dition que les propriétaires donneront quittance définitive du surplus et maintiendront leurs locataires en possession pour le terme d'avril à juillet prochain, l'État participera pour un tiers à ces payements, sans que cette participation puisse dépasser dix millions de francs (1).

(1) Cet article, assez obscurément rédigé, classe à part les locataires dont le loyer n'excède pas six cents francs. Sans doute, ils peuvent, comme tous autres locataires, demander une réduction, à la charge d'établir ou qu'ils ont été matériellement privés des lieux loués, ou qu'ils ont subi une diminution de jouissance industrielle ou commerciale (art. 5). Mais de telles hypothèses seront rares, et pourtant les petits locataires sont ordinairement les plus gênés. Parmi eux rentrent à peu près tous les ouvriers, lesquels, sans être ni industriels ni commerçants, ont presque tous plus ou moins manqué de travail, par suite des désastres qui atteignaient l'industrie ou le commerce de leurs patrons. La loi a donc voulu, en dehors des circonstances prévues en l'article 5, ménager aux locataires qui ne payent pas plus de six cents francs la chance d'une remise amiable, et pour cela voici les dispositions qu'elle a prises : 1° Les propriétaires qui voudront remettre à ces locataires ce qui leur reste dû sur les termes échus en octobre 1870, janvier et avril 1871, et qui de plus consentiront à les laisser en jouissance jusqu'en juillet, pourront recevoir une indemnité égale au tiers de la remise consentie. 2° Cette indemnité, le département de la Seine est autorisé à la leur payer, mais il n'y est pas forcé, l'État ne pouvant pas disposer des fonds d'un département. 3° Si le département de la Seine consent à prendre cet engagement, l'État s'oblige d'avance à lui rembourser ou le tiers des indemnités qu'il aura ainsi payées, si leur total n'excède pas trente millions, ou, si ce chiffre est dépassé, une somme fixe de dix millions. 4° La loi complète ces dispositions en décidant que les propriétaires ne seront pas forcés d'accepter ce règlement, mais qu'ils seront réputés l'avoir définitivement accepté s'ils n'ont pas

Les locataires qui auront profité du bénéfice du paragraphe précédent devront acquitter exactement le montant du terme de juillet 1871 à son échéance, sous peine d'expulsion sans congé préalable et sur simple ordre du juge de paix.

Les propriétaires ou les locataires qui feraient de fausses déclarations dans le but d'obtenir ou de faire obtenir une indemnité supérieure à celle à laquelle les propriétaires auront droit, seront poursuivis devant les tribunaux correctionnels et passibles des peines portées à l'article 405 du Code pénal (1). L'article 463 du Code pénal sera applicable.

Les propriétaires qui n'accepteraient pas ce règlement devront porter leurs réclamations devant les jurys spéciaux, conformément aux articles précédents.

ART. 9. Les contestations relatives à la résiliation

déclaré le contraire au greffe de la justice de paix avant le 1er juillet (art. 8, 4e parag.; — art. 10, 2e parag.). En somme donc, les propriétaires de petits logements ont eu à opter entre deux partis : ou ne faire aucune remise et courir la chance de voir le jury spécial leur accorder tout ce qui leur est dû, comme aussi peut-être leur imposer une réduction très-considérable ou même totale, ou bien faire une remise volontaire avec la chance d'obtenir une indemnité jusqu'à concurrence du tiers. Le principal vice de cette combinaison consiste, on le verra plus loin (page 44, note 1), en ce que l'option du propriétaire a dû être exercée à une époque où il ne pouvait pas compter avec certitude sur l'indemnité partielle que notre article 8 lui fait espérer.

(1) C'est-à-dire un emprisonnement de un an à cinq ans, et une amende de 50 francs à 3,000 francs.

des baux par l'effet de la force majeure, seront portées devant les tribunaux ordinaires.

Néanmoins les parties intéressées qui auront saisi les jurys spéciaux de la question d'indemnité pourront, si elles sont d'accord, donner à ces jurys, par voie d'extension de leur compétence, le droit de statuer sur la résiliation du contrat de louage (1).

Art. 10. Les locataires qui n'auront pas réclamé le bénéfice de la présente loi avant le 1er juillet 1871, par une déclaration au greffe de la justice de paix de leur arrondissement ou canton, seront tenus au payement total de leurs loyers (2).

(1) Le jury jugera-t-il alors sans appel, comme s'il s'agissait d'une demande en réduction? je le pense.

(2) La déclaration dont il est ici question n'est exigée que des locataires qui se proposent de demander une réduction, aux termes de l'article 5. Mais je crois pouvoir admettre comme certaines les trois propositions suivantes : 1° Le locataire qui n'a point fait de déclaration au greffe peut néanmoins demander une résiliation de bail soit devant le juge de paix, soit devant le tribunal civil ; car les demandes en résiliation ne sont pas régies par notre loi (art. 9). 2° Le locataire qui n'a point fait de déclaration au greffe reste également admissible à demander des délais même devant le jury spécial, puisque l'unique sanction du défaut de déclaration consiste, d'après notre article, en l'obligation au payement total des loyers. 3° Enfin, le locataire dont le loyer annuel n'excède pas six cents francs n'a pas eu besoin non plus de faire une déclaration au greffe pour invoquer le bénéfice de l'article 8 (1er paragraphe). Cela résulte avec évidence et du dernier paragraphe de cet article 8, et du second paragraphe de notre article, puisque ces textes veulent que ce soit le propriétaire qui agisse lorsqu'il n'accepte pas le règlement contenu en l'article 8.

Les propriétaires qui, dans le même délai, n'auront pas saisi le jury spécial de leur demande, conformément au dernier paragraphe de l'article 8, seront réputés avoir accepté le règlement déterminé par les deux premiers paragraphes du même article (1).

Art. 11. Les actes de procédure et les sentences auxquelles donnera lieu l'exécution de la présente loi seront visés pour timbre et enregistrés gratis.

(1) Le sens évident de ce paragraphe est que le propriétaire qui n'accepte pas le règlement établi par l'article 8 a dû en faire la déclaration au greffe de la justice de paix avant le 1er juillet. Mais on ne peut se dissimuler que, par cette disposition, la loi a placé les propriétaires de petits logements dans une assez singulière situation ; car l'indemnité d'un tiers que l'article 8 leur fait espérer en cas de remise par eux consentie est subordonnée à un engagement du département de la Seine, et cet engagement, le département ne l'avait pas pris avant le 1er juillet, et il n'avait pas pu le prendre, n'ayant pas encore de représentation. Cela étant, il est évident que si, par impossible, le département de la Seine refusait de prendre l'engagement autorisé par l'article 8, une nouvelle loi serait nécessaire pour régler la situation des propriétaires qui auraient accepté le règlement établi par cet article.

Au surplus, sur l'un et l'autre paragraphe de notre article, on peut se demander si la déclaration faite soit par le locataire, soit par le propriétaire, suffit à saisir le jury spécial. Je serais bien porté à croire que tel est l'esprit de la loi, car elle tient à éviter les frais. Cette opinion est d'ailleurs confirmée par les expressions mêmes de notre second paragraphe (*n'auront pas saisi, etc.*). Cependant la pratique paraît admettre qu'une citation donnée par huissier, mais sans frais, est nécessaire, de sorte que la déclaration au greffe n'aurait pour but que la conservation, non la mise en exercice du droit.

PRESCRIPTIONS ET PÉREMPTIONS

Loi du 26 Mai 1871 (1).

Art. 1er Toutes prescriptions et péremptions en
matière civile, tous délais impartis pour signifier les

(1) Pour bien comprendre cette loi, il est utile de connaître les
deux décrets auxquels elle se substitue. Voici d'abord le décret du
9 septembre 1870 :

« Art. 1er. Toutes prescriptions et péremptions en matière civile,
tous délais impartis pour attaquer ou signifier les décisions des
tribunaux judiciaires ou administratifs sont suspendus pendant la
durée de la guerre :

« 1° Au profit de ceux qui résident dans un département investi
ou occupé par l'ennemi, alors même que l'occupation ne s'étendrait
pas à tout le département ;

« 2° Au profit de ceux dont l'action doit être exercée dans ce
même département contre des personnes qui y résident.

« Art. 2. A dater de l'occupation, un nouveau délai égal au délai
ordinaire courra au profit des personnes qui se trouveront dans le
cas de l'article précédent. »

Voici maintenant le décret du 3 octobre 1870 :

« Art. 1er. La suspension des prescriptions et péremptions en
matière civile pendant la durée de la guerre s'applique aux inscriptions hypothécaires, à leur renouvellement, aux transcriptions et
généralement à tous les actes qui, d'après la loi, doivent être
accomplis dans un délai déterminé.

« Art. 2. La prorogation de délai dont il est parlé en l'article 2 du
même décret ne s'applique qu'aux différents actes de recours devant
les tribunaux judiciaires ou administratifs.

« Quant aux autres actes, il est accordé, à dater de la cessation décisions des tribunaux judiciaires et administratifs, suspendus pendant la durée de la guerre par le décret du 9 septembre 1870, recommenceront à courir le onzième jour après celui de la promulgation de la présente loi (1).

ART. 2. Toutes péremptions et forclusions en matière d'inscriptions hypothécaires et de transcriptions, suspendues par la disposition générale de l'article 1er du décret du 9 septembre 1870, et par la disposition expresse de l'article 1er du décret du 3 octobre suivant, recommenceront également à courir le onzième jour après celui de la promulgation de la présente loi (2).

de la guerre, un délai égal à celui qui restait à courir au moment où elle a été déclarée.

« Art. 3. Le présent décret est étendu à tous les départements de la France. Il s'applique aussi à l'Algérie et aux colonies, mais seulement pour les actes qui doivent être faits en France, et réciproquement. »

(1) La loi a été promulguée le 27 mai : le point de départ des délais déterminés par notre article 1er et par les deux suivants se place donc au 7 juin. En décidant ainsi, la loi ajoute évidemment à la portée des suspensions prononcées par les deux décrets précités, puisque ces suspensions, limitées d'abord à la durée de la guerre, se trouvent après coup prolongées jusqu'au 7 juin.

(2) Cet article est très-clair en tant qu'il s'applique au renouvellement d'une inscription hypothécaire déjà prise, car ce renouvellement doit avoir lieu dans un délai déterminé. Mais en ce qui concerne les inscriptions à prendre et les transcriptions à faire, je ne le trouve plus aussi clair. En effet, le décret du 3 octobre 1870 (art. 1) s'était exprimé comme si, en règle générale, il y avait des délais déterminés pour prendre une inscription ou faire une trans-

Art. 3. A partir de la même époque, commenceront à courir :

1° De nouveaux délais égaux aux délais ordinaires pour les différents actes de recours devant les tribunaux judiciaires ou administratifs, conformément à l'article 2 du décret du 9 septembre, et à l'article 2 du décret du 3 octobre 1870 ;

2° Un délai égal à celui qui restait à courir au jour

cription, ce qui est faux. Soit, par exemple, un créancier ayant une hypothèque antérieurement au décret du 3 octobre, mais une hypothèque non encore inscrite : sans nul doute, si depuis le décret un autre créancier a acquis hypothèque sur le même bien et s'est inscrit le premier, il sera préféré au créancier dont l'hypothèque est née avant la sienne, mais ne s'est révélée que plus tard. De même, si j'avais vendu mon immeuble avant le décret du 3 octobre, mais que l'acheteur n'eût pas transcrit, il ne pourrait pas opposer son droit à un acquéreur postérieur qui transcrirait avant lui, ou à un créancier hypothécaire également postérieur qui s'inscrirait avant toute transcription. Quel est donc le sens du décret du 3 octobre, et par suite celui de notre article 2 ? Ces textes s'appliqueront, quant aux inscriptions, dans les cas exceptionnels où la loi donne un délai pour inscrire le privilége ou l'hypothèque avec effet rétroactif (voir Code civil, art. 2109 et 2111 ; — loi du 23 mars 1855, art. 6 et 8 ; — loi du 5 septembre 1807, relative au privilége et à l'hypothèque du Trésor sur les biens des comptables, art. 5, et une loi de même date, relative au privilége du Trésor sur les biens des condamnés, art. 31. En ce qui concerne les transcriptions, les applications de notre article seront encore plus rares ; cependant, la loi du 23 mars 1855 (art. 4 et art. 11, 3e paragraphe) fixe dans deux cas des délais, soit pour transcrire un acte, soit pour le mentionner en marge d'une transcription déjà faite ; dans ces deux cas, on comprend et la suspension prononcée par le décret du 3 octobre, et la disposition de notre article 2.

de la suspension pour tous les autres actes faisant l'objet du deuxième paragraphe de l'article 2 du décret du 3 octobre 1870.

Art. 4. Les dispositions ci-dessus prescrites ne seront applicables au département de la Seine que le onzième jour après qu'un avis du ministre de la justice, inséré au *Journal officiel*, aura annoncé le rétablissement du cours de la justice dans ce département (1).

Il en sera de même :

1° Pour les personnes habitant le département de la Seine qui auraient à prendre des inscriptions, transcrire des actes ou signifier des exploits dans d'autres départements de la France, l'Algérie et les colonies;

2° Et pour celles qui, habitant en dehors du département de la Seine, auraient à faire ou signifier les mêmes actes dans ce département.

Le délai de dix jours, dans ces deux cas, sera augmenté de celui des distances, ainsi qu'il est déterminé par l'article 1er du Code civil pour la promulgation des lois (2).

_____

(1) Le rétablissement du cours de la justice à Paris a été annoncé par le *Journal officiel* du 7 juin. C'est donc à compter du 18 du même mois que notre loi est devenue applicable dans le département de la Seine.

(2) C'est-à-dire d'autant de jours qu'il y aura de fois dix myriamètres entre Paris et le chef-lieu du département dont il s'agira.

3° Et pour toutes les personnes qui, par suite d'obs-
tacles provenant de la guerre civile, auraient été dans
l'impossibilité d'exercer leurs droits dans les délais
fixés par les articles 1, 2 et 3 de la présente loi.

SAISIE IMMOBILIÈRE.

Loi du 22 Mai 1871.

ART. 1er. Le décret du 2 novembre 1870, rendu par la délégation du gouvernement de la défense nationale, concernant les saisies immobilières, la folle enchère et toutes les ventes judiciaires d'immeubles, est et demeure abrogé (1).

ART. 2. En conséquence, tous les délais qui avaient été provisoirement suspendus par l'article 2 dudit décret, reprendront leur cours à partir du 1er juin 1871 inclusivement ; toutes les procédures en cours seront complétées, en tenant compte des actes faits et des portions de délais écoulés au jour de leur suspension.

ART. 3. Les sommations prescrites par les articles 691

---

(1) Le décret visé par cet article suspendait provisoirement toutes procédures de saisie immobilière et de folle enchère, ainsi que les licitations d'immeubles dans les cas où elles sont prescrites par la loi. Cependant il permettait la continuation des procédures de surenchère déjà commencées. Le décret n'ayant pas déterminé la durée de cette suspension, notre loi était absolument nécessaire. Toutefois, si elle se fût bornée à un retour pur et simple au droit commun, je croirais n'avoir pas besoin d'en reproduire le texte ; mais elle consacre elle-même temporairement quelques dispositions exceptionnelles qu'il est utile de connaître.

et suivants du Code de procédure civile, qui auraient été faites antérieurement au décret précité et qui n'auraient pas été suivies de la lecture et publication prescrites par les articles 694 et 695, seront faites à nouveau dans la huitaine, à partir du 1er juin 1871, à l'effet de notifier le jour de la publication du cahier des charges.

Cette publication aura lieu huit jours au plus tôt et quinze jours au plus tard à partir de la date des nouvelles sommations.

Lors de la lecture et publication du cahier des charges, les tribunaux sont autorisés, sur la demande de l'un des intéressés, à étendre jusqu'au maximum de quatre mois (1) le délai qui doit s'écouler entre la publication et l'adjudication, et même jusqu'à six mois dans le département de la Seine et dans les arrondissements occupés par les troupes allemandes, en vertu des stipulations du traité des préliminaires de paix (2).

Cette faculté cessera à partir du 1er janvier 1872.

ART. 4. Dans le cas où la procédure n'a été suspendue que postérieurement au jugement qui fixe le jour

---

(1) Au lieu de trente à soixante jours, comme le comporterait le droit commun (C. pr., art. 695).

(2) On a déjà vu quels sont les départements occupés aux termes de ce traité (page 10, note 2). Mais, pour l'application de notre disposition, il ne suffit pas que le département soit occupé en tout ou en partie, il faut que l'arrondissement lui-même le soit ou l'ait été en vertu des préliminaires de paix.

de l'adjudication, il sera, s'il y a lieu, procédé par jugement nouveau à la fixation dudit jour, à la suite d'une simple sommation d'être présent audit jugement, signifiée, à la requête du poursuivant, aux personnes indiquées par l'article 691 et les deux premiers paragraphes de l'article 692 du Code de procédure civile.

Les insertions et affiches seront renouvelées dans les formes et délais prescrits par les articles 696 et suivants, 735 et suivants, 958 et suivants du même Code, selon qu'il s'agira de saisie immobilière, folle enchère, ou vente de biens de mineurs, de faillis, ou de licitation.

Les dispositions de l'article 3 ci-dessus, concernant la faculté laissée aux tribunaux d'étendre le délai pour l'adjudication, seront applicables dans ce cas, s'il n'en a pas été déjà fait usage dans la même procédure.

ART. 5. Jusqu'au 1er janvier 1872, les tribunaux pourront, nonobstant les dispositions de l'article 737 du Code de procédure civile, accorder, sur la demande de tous intéressés, un sursis qui ne dépassera pas deux mois, selon les circonstances (1).

---

(1) Cet article se place dans l'hypothèse où il y a lieu à une revente sur folle enchère, et il déroge à la règle d'après laquelle, une fois le jour de l'adjudication fixé, le poursuivant seul peut demander une remise. On espère ici que les deux mois ou le délai moindre accordé à l'adjudicataire lui permettront d'exécuter les conditions que lui impose le cahier des charges, et d'éviter la revente sur folle enchère.

Art. 6. La présente loi ne porte pas préjudice aux dispositions de l'article 703 du Code de procédure civile (1).

Art. 7. Les jugements, significations et affiches dont le renouvellement est nécessité par les dispositions de la présente loi, seront visés pour timbre et enregistrés gratis.

(1) L'article visé s'applique à l'hypothèse d'une adjudication sur saisie immobilière. Une fois le jour de l'adjudication fixé, nulle remise ne peut être ordonnée d'office, mais un délai de quinze à soixante jours peut être accordé sur la demande du poursuivant, du saisi ou d'un créancier inscrit.

TABLE DES MATIÈRES

CORBEIL, typ., stér. et galv. de CRÉTÉ FILS